4-1

"따라쓰기 쉬운" 바른 글씨체 쓰기

지원출판

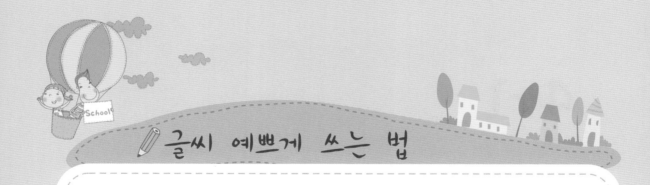

글씨 예쁘게 쓰는 법

바른 자세는 예쁜 글씨의 기본조건입니다. 같은 사람이라도 필기구 잡는 법을 바꾸면 글씨체가 바뀝니다.

필기구를 제대로 잡아야 손놀림이 자유롭고 힘이 많이 들어가지 않으며 글씨체도 부드러워집니다. 또 오른손이 필기구를 잡는다면 왼손은 항상 종이 위쪽에 둬야 몸 자세가 비뚤어지지 않습니다.

글씨 연습의 원칙 중엔 '크게 배워서 작게 쓰라'도 있습니다. 처음부터 작게 연습을 하면 크게 쓸 때 글씨체가 흐트러지기 쉽기 때문입니다. 글씨 연습의 첫 출발은 선 긋기입니다. 선 긋기만 1주일에서 열흘 정도 연습해야 합니다. 글씨의 기둥 역할을 하는 'ㅣ'는 쓰기 시작할 때 힘을 주고 점차 힘을 빼면서 살짝 퉁기는 기분으로 빠르게 내려긋습니다. 'ㅡ'는 처음부터 끝까지 일정한 힘을 줘 긋습니다.

선 긋기 연습이 끝나면 'ㄱ' 'ㄴ' 'ㅅ' 'ㅇ'을 연습합니다. 'ㄱ'과 'ㄴ'은 꺾이는 부분을 직각으로 하지 말고 살짝 굴려줘야 글씨를 부드럽게 빨리 쓸 수 있습니다. 'ㅇ'은 크게 쓰는 것이 중요합니다. 'ㅇ'은 글자의 얼굴격이기 때문입니다. 작게 쓰면 백발백중 글씨가 지저분하게 보입니다.

다음엔 자음·모음 배열법입니다. 글자 모양을 '◁' '△' '◇' 'ㅁ' 안에 집어넣는다고 생각하고 씁니다. 예를 들어 '서' '상' 등은 '◁' 모양, '읽'은 'ㅁ' 모양에 맞춰 쓰는 식입니다. 글씨를 이어 쓸 때는 옆 글자와 키를 맞춰줘야 합니다. 키가 안 맞으면 보기 흉합니다. 글씨를 빨리 쓸 때는 글자에 약간 경사를 주면 됩니다. 이때는 가로획만 살짝 오른쪽 위로 올리고, 세로획은 똑바로 내려긋습니다.

예

이책의 구성과 특징

❶ 글씨 쓰기는 **집중력과 두뇌 발달**에 도움을 줍니다.

❷ 흐린 글씨를 따라 쓰고 빈칸에 맞추어 쓰다 보면
   한글 자형의 구조를 알 수 있습니다.

❸ 글씨쓰기의 **모든 칸을 원고지로 구성**하여 바르고 고른 글씨
   를 연습하는데 좋습니다.

❹ **원고지 사용법을 기록**하여 대화글 쓰는데 도움이 됩니다.
   예 ? (물음표) – 묻는 문장 끝에 씁니다.

❺ **퍼즐을 넣어** 단어의 뜻과 놀이를 동시에 할 수 있습니다.

❻ 단원 끝나는 부분에 **틀리기 쉬운 글자를 한번 더 복습**하여
   낱말의 정확성을 키워 줍니다.

바른 자세 익히기

 글씨를 쓸 때의 올바른 자세에 대해 알아보아요.

고개를 조금만
숙입니다.

글씨를 쓰지 않는
손으로 공책을
살짝 눌러 줍니다.

허리를 곧게
폅니다.

엉덩이를 의자
뒤쪽에 붙입니다.

두 발은 바닥에
나란히 닿도록
합니다.

 연필을 바르게 잡는 방법을 알아보아요.

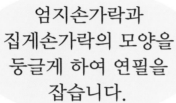
엄지손가락과
집게손가락의 모양을
둥글게 하여 연필을
잡습니다.

연필을 잡을 때에
너무 힘을 주면
안 돼요.

가운뎃손가락으로
연필을 받칩니다.

연필을 너무
세우거나 눕히지
않습니다.

School
Life

1. 생생한 느낌 그대로

 연필을 바르게 잡고 다음 낱말을 따라 써 보아요.

구 멍	구 멍 구 멍 구 멍 구 멍 구 멍 구 멍
	구 멍 구 멍 구 멍 구 멍 구 멍 구 멍
따 개 비	따 개 비 따 개 비 따 개 비
따 개 비	따 개 비 따 개 비 따 개 비
솔 방 울	솔 방 울 솔 방 울 솔 방 울
솔 방 울	솔 방 울 솔 방 울 솔 방 울
꺼 부 꺼 부	꺼 부 꺼 부 꺼 부 꺼 부
꺼 부 꺼 부	꺼 부 꺼 부 꺼 부 꺼 부
별 빛	별 빛 별 빛 별 빛 별 빛 별 빛 별 빛
별 빛	별 빛 별 빛 별 빛 별 빛 별 빛 별 빛

 연필을 바르게 잡고 다음 낱말을 따라 써 보아요.

| 상 추 | 상 추 상 추 상 추 상 추 상 추 상 추 |
| | 상 추 상 추 상 추 상 추 상 추 상 추 |

| 살 구 나 무 | 살 구 나 무　　살 구 나 무 |
| | 살 구 나 무　　살 구 나 무　　살 구 나 무 |

| 꽃 가 지 | 꽃 가 지　　꽃 가 지　　꽃 가 지 |
| | 꽃 가 지　　꽃 가 지　　꽃 가 지　　꽃 가 지 |

| 낭 송 | 낭 송 낭 송 낭 송 낭 송 낭 송 낭 송 |
| | 낭 송 낭 송 낭 송 낭 송 낭 송 낭 송 |

| 되 풀 이 | 되 풀 이　　되 풀 이　　되 풀 이 |
| | 되 풀 이　　되 풀 이　　되 풀 이　　되 풀 이 |

 다음 글을 읽고 문장을 따라 써 보아요.

새	는		새	는		나	무		자	고	
새	는		새	는		나	무		자	고	
쥐	는		쥐	는		구	멍		자	고	
쥐	는		쥐	는		구	멍		자	고	
소	는		소	는		마	구		자	고	
소	는		소	는		마	구		자	고	
닭	은		닭	은		홰	에		자	고	
닭	은		닭	은		홰	에		자	고	

 다음 글을 읽고 문장을 따라 써 보아요.

돌에 붙은 따개비야

나는 나는 어디 붙어

우리 같은 아이들은

엄마 품에 잠을 자지.

11

 띄어쓰기에 주의하며 문장을 바르게 써 보아요.

한		계	단		오	르	면		엄	마		얼	굴
한		계	단		오	르	면		엄	마		얼	굴

한		계	단		오	르	면		엄	마		얼	굴
한		계	단		오	르	면		엄	마		얼	굴

두		계	단		오	르	면		아	빠		얼	굴
두		계	단		오	르	면		아	빠		얼	굴

두		계	단		오	르	면		아	빠		얼	굴
두		계	단		오	르	면		아	빠		얼	굴

 띄어쓰기에 주의하며 문장을 바르게 써 보아요.

만	나	면	서		서	로		인	사		나	누	며

온		동	네		모	두	가		웃	는		얼	굴

I. 생생한 느낌 그대로

 띄어쓰기에 주의하며 문장을 바르게 써 보아요.

살	금	살	금		일		층	으	로		내	려	가
살	금	살	금		일		층	으	로		내	려	가

살 금 살 금　　일　　층 으 로　　내 려 가

살 금 살 금　　일　　층 으 로　　내 려 가

분		우	리	는		깜	짝		놀	랐	어	요	.
분		우	리	는		깜	짝		놀	랐	어	요	.

분　　우 리 는　　깜 짝　　놀 랐 어 요 .

분　　우 리 는　　깜 짝　　놀 랐 어 요 .

14

 띄어쓰기에 주의하며 문장을 바르게 써 보아요.

| 집 | | 안 | 에 | | 무 | 슨 | | 일 | 이 | | 있 | 냐 | ? |

집 안에 무슨 일이 있냐?
집 안에 무슨 일이 있냐?

| 할 | 아 | 버 | 지 | , | 쥐 | 가 | | 나 | 왔 | 대 | 요 | . |

할아버지, 쥐가 나왔대요.
할아버지, 쥐가 나왔대요.

15

 띄어쓰기에 주의하며 문장을 바르게 써 보아요.

| 내 가 | 사 령 관 을 | 맡 으 마 . | 나 머 |

| 지 | 식 구 들 은 | 행 동 | 대 원 이 다 . |

 띄어쓰기에 주의하며 문장을 바르게 써 보아요.

쥐 잡는 작전 이름은 '독 ✓

안에 든 빵 작전'이에요.

 띄어쓰기에 주의하며 문장을 바르게 써 보아요.

나	는		교	실		안	을		향	하	여		넙
나	는		교	실		안	을		향	하	여		넙

나	는		교	실		안	을		향	하	여		넙
나	는		교	실		안	을		향	하	여		넙

다		소	리	를		질	렀	다	.	모	여	서		무
다		소	리	를		질	렀	다	.	모	여	서		무

다		소	리	를		질	렀	다	.	모	여	서		무
다		소	리	를		질	렀	다	.	모	여	서		무

 띄어쓰기에 주의하며 문장을 바르게 써 보아요.

슨	말	을		하	는	지		낄	낄	거	리	던
슨	말	을		하	는	지		낄	낄	거	리	던

슨	말	을	하	는	지	낄	낄	거	리	던
슨	말	을	하	는	지	낄	낄	거	리	던

남	자	아	이	들	이		나	를		바	라	보	았	다	.
남	자	아	이	들	이		나	를		바	라	보	았	다	.

남	자	아	이	들	이	나	를	바	라	보	았	다	.
남	자	아	이	들	이	나	를	바	라	보	았	다	.

퍼즐로 배우는 낱말풀이

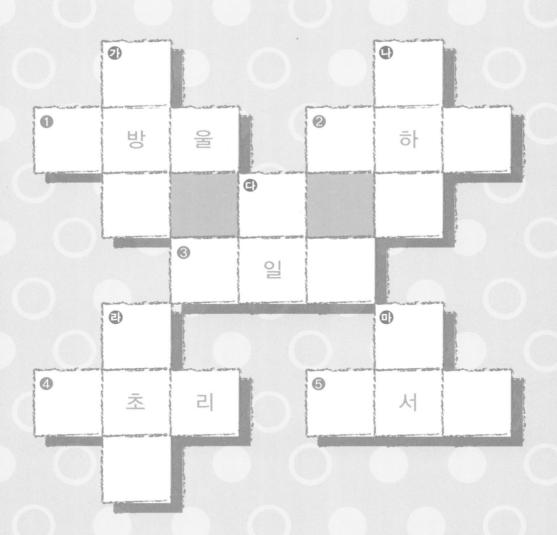

		가						나		
❶		방	울			❷		하		
				다						
		❸		일						
	라						마			
❹		초	리		❺		서			

★ 해답은 129페이지

1 PUZZLE

가로 퍼즐

1️⃣ 소나무 열매의 송이

2️⃣ 집채 아래에 땅을 파서 만든 방

3️⃣ 독일사람들이 사용하는 언어

4️⃣ 눈의 귀 쪽으로 째진 부분. 음흉한 ○○○

5️⃣ 온갖 종류의 도서, 문서, 기록, 출판물 따위의 자료를
모아 두고 일반이 볼 수 있도록 한 시설

세로 퍼즐

㉮ 비가 되어 점점이 떨어지는 물방울

㉯ 교통의 혼잡을 완화하고, 빠른 속도로 운행하기 위하
여 땅속에 터널을 파고 부설한 철도

㉰ 오늘의 바로 다음날

㉱ 때릴 때에 쓰는 가는 나뭇가지
어린아이를 벌줄 때나 마소를 부릴 때 쓴다.

㉲ 책을 읽음

틀린 글자예요. 바르게 고쳐 써 보아요.

바늘이 꽂쳐	꽂혀	꽂혀	꽂혀	꽂혀
	꽂혀	꽂혀	꽂혀	꽂혀

소름이 돗더라	돋더라	돋더라	돋더라
	돋더라	돋더라	돋더라

여덜 명의 홍길동	여덟	여덟	여덟	여덟
	여덟	여덟	여덟	여덟

부부가 서로 떠러져	떨어져	떨어져	떨어져
	떨어져	떨어져	떨어져

2. 정보를 찾아서

 연필을 바르게 잡고 다음 낱말을 따라 써 보아요.

시 치 미	시 치 미	시 치 미	시 치 미
시 치 미	시 치 미	시 치 미	시 치 미
매 사 냥	매 사 냥	매 사 냥	매 사 냥
매 사 냥	매 사 냥	매 사 냥	매 사 냥
쇠 뿔	쇠 뿔 쇠 뿔 쇠 뿔 쇠 뿔 쇠 뿔 쇠 뿔
쇠 뿔	쇠 뿔 쇠 뿔 쇠 뿔 쇠 뿔 쇠 뿔 쇠 뿔
얇 게	얇 게 얇 게 얇 게 얇 게 얇 게 얇 게
얇 게	얇 게 얇 게 얇 게 얇 게 얇 게 얇 게
꼬 리 표	꼬 리 표	꼬 리 표	꼬 리 표
꼬 리 표	꼬 리 표	꼬 리 표	꼬 리 표

 연필을 바르게 잡고 다음 낱말을 따라 써 보아요.

천 연 자 원   천 연 자 원   천 연 자 원
천 연 자 원   천 연 자 원   천 연 자 원

식 품 , 물 , 냄 비 , 수 저 , 연 료
식 품 , 물 , 냄 비 , 수 저 , 연 료

농 사 짓 는   도 구   농 사 짓 는   도 구
농 사 짓 는   도 구   농 사 짓 는   도 구

기 계   기 계 기 계 기 계 기 계 기 계 기 계
기 계   기 계 기 계 기 계 기 계 기 계 기 계

금 , 은 , 주 석 , 구 리 , 백 금
금 , 은 , 주 석 , 구 리 , 백 금

2. 정보를 찾아서

 다음 글을 읽고 문장을 따라 써 보아요.

'시치미 떼다'라는 말이

어떻게 만들어졌는지 알려면

멀리 고려 시대까지 거슬러

올라가야 한다.

 다음 글을 읽고 문장을 따라 써 보아요.

매사냥은 길들인 매를 이용

하여 짐승들을 사냥하는 것을

말한다. 매를 구하여 사냥매로

길들이는 일은 무척 힘들었다.

27

2. 정보를 찾아서

 띄어쓰기에 주의하며 문장을 바르게 써 보아요.

천	연	자	원	은		우	리	가		필	요	한
천	연	자	원	은		우	리	가		필	요	한

천 연 자 원 은　　우 리 가　　필 요 한
천 연 자 원 은　　우 리 가　　필 요 한

물	건	을		만	들		때	에		이	용	하	는
물	건	을		만	들		때	에		이	용	하	는

물 건 을　　만 들　　때 에　　이 용 하 는
물 건 을　　만 들　　때 에　　이 용 하 는

28

 띄어쓰기에 주의하며 문장을 바르게 써 보아요.

| 물 | 질 | 이 | 다 | . | 한 | 번 | | 써 | | 버 | 리 | 고 | | 나 |

| 물 | 질 | 이 | 다 | . | 한 | 번 | | 써 | | 버 | 리 | 고 | | 나 |

| 물 | 질 | 이 | 다 | . | 한 | 번 | | 써 | | 버 | 리 | 고 | | 나 |

| 면 | | 다 | 시 | | 사 | 용 | 할 | | 수 | | 없 | 다 | . |

| 면 | | 다 | 시 | | 사 | 용 | 할 | | 수 | | 없 | 다 | . |

| 면 | | 다 | 시 | | 사 | 용 | 할 | | 수 | | 없 | 다 | . |

2. 정보를 찾아서

 띄어쓰기에 주의하며 문장을 바르게 써 보아요.

| 에 | 너 | 지 | 의 | | 대 | 부 | 분 | 은 | | 석 | 탄 | , | 석 |

| 유 | , | 천 | 연 | 가 | 스 | | 같 | 은 | | 연 | 료 | 를 | | 태 |

 띄어쓰기에 주의하며 문장을 바르게 써 보아요.

워		얻	는	데	,	연	료	가		지	구	에		묻
워		얻	는	데	,	연	료	가		지	구	에		묻

워 얻는데, 연료가 지구에 묻

워 얻는데, 연료가 지구에 묻

혀		있	는		양	은		정	해	져		있	다	.
혀		있	는		양	은		정	해	져		있	다	

혀 있는 양은 정해져 있다

혀 있는 양은 정해져 있다.

2. 정보를 찾아서

 띄어쓰기에 주의하며 문장을 바르게 써 보아요.

웬	만	한		가	뭄	이	나		더	위	에	도
웬	만	한		가	뭄	이	나		더	위	에	도

웬 만 한　가 뭄 이 나　더 위 에 도

웬 만 한　가 뭄 이 나　더 위 에 도

끄	떡	없	이		꽃	을		피	우	는		데	다
끄	떡	없	이		꽃	을		피	우	는		데	다

끄 떡 없 이　꽃 을　피 우 는　데 다

끄 떡 없 이　꽃 을　피 우 는　데 다

 띄어쓰기에 주의하며 문장을 바르게 써 보아요.

세		달	이	나		피	어		있	어	서		여	름
세		달	이	나		피	어		있	어	서		여	름

세 달 이 나 피 어 있 어 서 여 름

세 달 이 나 피 어 있 어 서 여 름

철	에		가	꾸	기		좋	은		꽃	이	지	요	.
철	에		가	꾸	기		좋	은		꽃	이	지	요	.

철 에 가 꾸 기 좋 은 꽃 이 지 요 .

철 에 가 꾸 기 좋 은 꽃 이 지 요 .

33

2. 정보를 찾아서

 띄어쓰기에 주의하며 문장을 바르게 써 보아요.

제	비	가		오	면		곳	간	을		열	어
제	비	가		오	면		곳	간	을		열	어

제 비 가   오 면   곳 간 을   열 어
제 비 가   오 면   곳 간 을   열 어

주	고		마	당	에		물	을		뿌	려		주	기
주	고		마	당	에		물	을		뿌	려		주	기

주 고   마 당 에   물 을   뿌 려   주 기
주 고   마 당 에   물 을   뿌 려   주 기

퍼즐로 배우는
낱말풀이

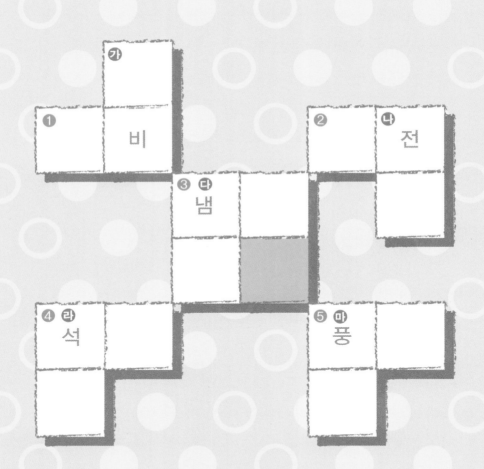

★ 해답은 129페이지

② PUZZLE

가로 퍼즐

❶ 흥부전에 나오는 새로 처마 밑에 집을짓고 산다.

❷ 낱말을 모아서 일정한 순서로 배열하여 싣고 그 각각의 발음, 의미, 어원, 용법 따위를 해설한 책

❸ 음식을 끓이거나 삶는 데 쓰는 용구

❹ 땅속에서 천연으로 나는, 탄화수소를 주성분으로 하는 가연성 기름

❺ 곡식이 잘 자라고 잘 여물어 평년보다 수확이 많은 해

세로 퍼즐

㉠ 나비목의 곤충 가운데 낮에 활동하는 무리를 통틀어 이르는 말. 호랑○○

㉡ 전화기를 이용하여 말을 주고받음

㉢ 코로 맡을 수 있는 온갖 기운

㉣ 검은색 또는 검은 갈색을 띠며 지표 부근이나 지하의 다양한 깊이에서 층상광상으로 산출된다.

㉤ 경치. ○○이 아름답다.

틀린 글자예요. 바르게 고쳐 써 보아요.

지붕을 줄로 역어	엮 어	엮 어	엮 어	엮 어
	엮 어	엮 어	엮 어	엮 어

굴은 밧줄로	굵 은	굵 은	굵 은	굵 은
	굵 은	굵 은	굵 은	굵 은

지붕을 다시 덥었다	덮 었 다	덮 었 다	덮 었 다
	덮 었 다	덮 었 다	덮 었 다

부꽃에 앉아 있는	붓 꽃	붓 꽃	붓 꽃	붓 꽃
	붓 꽃	붓 꽃	붓 꽃	붓 꽃

3. 이 생각 저 생각

3. 이 생각 저 생각

 연필을 바르게 잡고 다음 낱말을 따라 써 보아요.

등	장	인	물	등	장	인	물	등	장	인	물
등	장	인	물	등	장	인	물	등	장	인	물

목	화	값		목	화	값		목	화	값		목	화	값

공	동		책	임		공	동		책	임			책	임

하	나	씩		하	나	씩		하	나	씩		하	나	씩

각	자		몫		각	자		몫		각	자		몫

 연필을 바르게 잡고 다음 낱말을 따라 써 보아요.

산 초 기 름   산 초 기 름   기 름
산 초 기 름   산 초 기 름   기 름

아 궁 이   아 궁 이   아 궁 이   아 궁 이
아 궁 이   아 궁 이   아 궁 이   아 궁 이

큰 손 해   큰 손 해   큰 손 해
큰 손 해   큰 손 해   큰 손 해

투 덜 투 덜   투 덜 투 덜   투 덜 투 덜
투 덜 투 덜   투 덜 투 덜   투 덜 투 덜

고 을 사 또   고 을 사 또   사 또
고 을 사 또   고 을 사 또   사 또

3. 이 생각 저 생각

 다음 글을 읽고 문장을 따라 써 보아요.

음	식	을		같	이		먹	다		보	면		반	✓

음식을 같이 먹다 보면 반

친구들 사이도 좋아집니다. 과

자도 좋지만 떡볶이를 직접

만들어 먹는 시간이 있으면

 다음 글을 읽고 문장을 따라 써 보아요.

좋겠습니다. 친구들끼리 음식을 ✓
좋겠습니다. 친구들끼리 음식을

만들면 더 재미있을 것입니다.
만들면 더 재미있을 것입니다.

떡볶이를 만들자는 의견이 나
떡볶이를 만들자는 의견이 나

오자 많은 친구가 즐거워했다.
오자 많은 친구가 즐거워했다.

3. 이 생각 저 생각

 띄어쓰기에 주의하며 문장을 바르게 써 보아요.

정	말		내	가		가	장		싫	어	하	는
정	말		내	가		가	장		싫	어	하	는

정 말　　내 가　　가 장　　싫 어 하 는

정 말　　내 가　　가 장　　싫 어 하 는

문	제	로	군	.	아	이	들	을		조	용	히		시
문	제	로	군	.	아	이	들	을		조	용	히		시

문 제 로 군 .　아 이 들 을　　조 용 히　　시

문 제 로 군 .　아 이 들 을　　조 용 히　　시

띄어쓰기에 주의하며 문장을 바르게 써 보아요.

킨	다	거	나		나	쁜		아	이	를		착	한
킨	다	거	나		나	쁜		아	이	를		착	한

킨 다 거 나 　　나 쁜 　　아 이 를 　　착 한

킨 다 거 나 　　나 쁜 　　아 이 를 　　착 한

아	이	로		만	드	는		방	법	은		없	어	.
아	이	로		만	드	는		방	법	은		없	어	.

아 이 로 　　만 드 는 　　방 법 은 　　없 어 .

아 이 로 　　만 드 는 　　방 법 은 　　없 어 .

45

 띄어쓰기에 주의하며 문장을 바르게 써 보아요.

몇	해	전 에	큰 비 가	내 렸 지
몇	해	전 에	큰 비 가	내 렸 지

몇 해 전 에 큰 비 가 내 렸 지

몇 해 전 에 큰 비 가 내 렸 지

요 .	그 때 ,	모 두	연 못 을	만 들 어
요 .	그 때 ,	모 두	연 못 을	만 들 어

요 . 그 때 , 모 두 연 못 을 만 들 어

요 . 그 때 , 모 두 연 못 을 만 들 어

띄어쓰기에 주의하며 문장을 바르게 써 보아요.

야		한	다	고		하	였	어	요	.	시	간	이
야		한	다	고		하	였	어	요	.	시	간	이

야 한다고 하였어요. 시간이

야 한다고 하였어요. 시간이

지	나	자		나		몰	라	라		하	였	지	요	.
지	나	자		나		몰	라	라		하	였	지	요	.

지 나 자 나 몰 라 라 하 였 지 요 .

지 나 자 나 몰 라 라 하 였 지 요 .

3. 이 생각 저 생각

띄어쓰기에 주의하며 문장을 바르게 써 보아요.

우	리	가		물	을		아	끼	기		위	하	여	✓

우 리 가   물 을   아 끼 기   위 하 여
우 리 가   물 을   아 끼 기   위 하 여

실	천	할		수		있	는		방	법	을		생	각

실 천 할   수   있 는   방 법 을   생 각
실 천 할   수   있 는   방 법 을   생 각

48

 띄어쓰기에 주의하며 문장을 바르게 써 보아요.

하	여		보	고	,	우	리		마	을	에	서		물
하	여		보	고	,	우	리		마	을	에	서		물

하 여　보 고 , 우 리　마 을 에 서　물

하 여　보 고 , 우 리　마 을 에 서　물

을		덜		쓰	도	록		노	력	해	야		해	요	.
을		덜		쓰	도	록		노	력	해	야		해	요	.

을　덜　쓰 도 록　노 력 해 야　해 요 .

을　덜　쓰 도 록　노 력 해 야　해 요 .

 띄어쓰기에 주의하며 문장을 바르게 써 보아요.

오	리	네		집	에	서	는		물	을		받	아	✓
오	리	네		집	에	서	는		물	을		받	아	

오 리 네 　 집 에 서 는 　 물 을 　 받 아

오 리 네 　 집 에 서 는 　 물 을 　 받 아

놓	고		쓰	는		것		같	은	데	,	그	것	도
놓	고		쓰	는		것		같	은	데	,	그	것	도

놓 고 　 쓰 는 　 것 　 같 은 데 , 그 것 도

놓 고 　 쓰 는 　 것 　 같 은 데 , 그 것 도

 띄어쓰기에 주의하며 문장을 바르게 써 보아요.

우	리		마	을	을		위	해	서	라	면		좋
우	리		마	을	을		위	해	서	라	면		좋

우 리　　마 을 을　　위 해 서 라 면　　좋
우 리　　마 을 을　　위 해 서 라 면　　좋

은		방	법	이	라	고		생	각	해	요	.	
은		방	법	이	라	고		생	각	해	요	.	

은　　방 법 이 라 고　　생 각 해 요 .
은　　방 법 이 라 고　　생 각 해 요 .

퍼즐로 배우는
낱말풀이

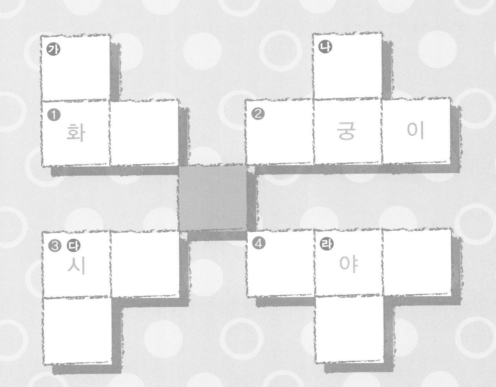

★ 해답은 129페이지

3 PUZZLE

가로 퍼즐

❶ '화가'를 높여 이르는 말

❷ 방이나 솥 따위에 불을 때기 위하여 만든 구멍

❸ 재능이나 실력 따위를 일정한 절차에 따라 검사하고 평가하는 일

❹ 야구와 비슷한 규칙으로 발로 공을 차서 승부를 겨루는 경기

세로 퍼즐

㉮ 문익점이 중국 원나라에서 처음으로 이 씨앗을 들여옴. 이 솜으로 이불도 만든다.

㉯ 옛 궁궐

㉰ 시간을 재거나 시각을 나타내는 기계나 장치를 통틀어 이르는 말

㉱ 들에서 자라나는 나물. 채소

틀린 글자예요. 바르게 고쳐 써 보아요.

| 모듬 토의 | 모 듬 | 모 듬 | 모 듬 | 모 듬 |

앉을 자리 정하기 — 앉 을

세치기 하지마 — 새 치 기

꾸민 무니 — 무 늬

54

4. 이 말이 어울려요

4. 이 말이 어울려요

 연필을 바르게 잡고 다음 낱말을 따라 써 보아요.

현	관	문		현	관	문		현	관	문		현	관	문
현	관	문		현	관	문		현	관	문		현	관	문

손	자	,	손	녀		손	자	,	손	녀		손	녀
손	자	,	손	녀		손	자	,	손	녀		손	녀

예	절		예	절	예	절	예	절	예	절	예	절
예	절		예	절	예	절	예	절	예	절	예	절

예	사	말		예	사	말		예	사	말		예	사	말
예	사	말		예	사	말		예	사	말		예	사	말

높	임	말		높	임	말		높	임	말		높	임	말
높	임	말		높	임	말		높	임	말		높	임	말

 연필을 바르게 잡고 다음 낱말을 따라 써 보아요.

공 경 하 는　마 음

또 래 나　아 랫 사 람

진 지 잡 수 세 요

멋 진　모 습

예 쁜　손 녀

 다음 글을 읽고 문장을 따라 써 보아요.

우	리	말	에	는		예	사	말	과		높	임	말
우	리	말	에	는		예	사	말	과		높	임	말

이		있	어	서		외	국	인	들	이		잘		헷
이		있	어	서		외	국	인	들	이		잘		헷

갈	린	다	고		하	셨	다	.	하	지	만	,	높	임
갈	린	다	고		하	셨	다	.	하	지	만	,	높	임

말	은		웃	어	른	을		공	경	하	는		마	음
말	은		웃	어	른	을		공	경	하	는		마	음

다음 글을 읽고 문장을 따라 써 보아요.

| 을 | | 나 | 타 | 내 | 는 | | 말 | 이 | 기 | | 때 | 문 | 에 |
| 을 | | 나 | 타 | 내 | 는 | | 말 | 이 | 기 | | 때 | 문 | 에 |

| 상 | 대 | 에 | | 따 | 라 | | 적 | 절 | 하 | 게 | | 쓸 | | 수 | ✓ |
| 상 | 대 | 에 | | 따 | 라 | | 적 | 절 | 하 | 게 | | 쓸 | | 수 | |

| 있 | 어 | 야 | | 한 | 다 | 고 | | 하 | 셨 | 다 | . |
| 있 | 어 | 야 | | 한 | 다 | 고 | | 하 | 셨 | 다 | . |

 띄어쓰기에 주의하며 문장을 바르게 써 보아요.

어	느		날	,	젊	은		양	반		두		사
어	느		날	,	젊	은		양	반		두		사

어	느		날	,	젊	은		양	반		두		사
어	느		날	,	젊	은		양	반		두		사

람	이		거	의		같	은		시	간	에		고	기
람	이		거	의		같	은		시	간	에		고	기

람	이		거	의		같	은		시	간	에		고	기
람	이		거	의		같	은		시	간	에		고	기

 띄어쓰기에 주의하며 문장을 바르게 써 보아요.

를	사	러	왔	다	.	먼	저	온	양	반
를	사	러	왔	다	.	먼	저	온	양	반

를	사	러	왔	다	.	먼	저	온	양	반
를	사	러	왔	다	.	먼	저	온	양	반

은	박	노	인	에	게	말	하	였	다	.
은	박	노	인	에	게	말	하	였	다	.

은	박	노	인	에	게	말	하	였	다	.
은	박	노	인	에	게	말	하	였	다	.

4. 이 말이 어울려요

띄어쓰기에 주의하며 문장을 바르게 써 보아요.

지	난	주		음	악		시	간	에		민	규	가	✓
지	난	주		음	악		시	간	에		민	규	가	

지 난 주   음 악   시 간 에   민 규 가

지 난 주   음 악   시 간 에   민 규 가

저	작	권	에		대	하	여		질	문	하	였	을
저	작	권	에		대	하	여		질	문	하	였	을

저 작 권 에   대 하 여   질 문 하 였 을

저 작 권 에   대 하 여   질 문 하 였 을

62

 띄어쓰기에 주의하며 문장을 바르게 써 보아요.

때	,	선	생	님	은		대	답	을		해		주	는	✓
때	,	선	생	님	은		대	답	을		해		주	는	

때 , 선 생 님 은 대 답 을 해 주 는

때 , 선 생 님 은 대 답 을 해 주 는

대	신		숙	제	를		내		주	셨	습	니	다	.
대	신		숙	제	를		내		주	셨	습	니	다	.

대 신 숙 제 를 내 주 셨 습 니 다 .

대 신 숙 제 를 내 주 셨 습 니 다 .

 띄어쓰기에 주의하며 문장을 바르게 써 보아요.

"정말 수고했어요. 저작권이

"정말 수고했어요. 저작권이

"정말 수고했어요. 저작권이

"정말 수고했어요. 저작권이

라는 말을 여러분이 이해하기 ✓

라는 말을 여러분이 이해하기

라는 말을 여러분이 이해하기

라는 말을 여러분이 이해하기

 띄어쓰기에 주의하며 문장을 바르게 써 보아요.

쉽지 않았을 텐데, 정리를 잘

한 사람이 많군요."

 띄어쓰기에 주의하며 문장을 바르게 써 보아요.

예를 들어, 내가 겪은 일에 ✓

예를 들어, 내가 겪은 일에

예를 들어, 내가 겪은 일에

예를 들어, 내가 겪은 일에

대한 느낌을 그림으로 그렸다

대한 느낌을 그림으로 그렸다

대한 느낌을 그림으로 그렸다

대한 느낌을 그림으로 그렸다

띄어쓰기에 주의하며 문장을 바르게 써 보아요.

면	,		그	건		어	엿	한		내		저	작	물	이	✓
면	,		그	건		어	엿	한		내		저	작	물	이	

면 , 그 건 어 엿 한 내 저 작 물 이

면 , 그 건 어 엿 한 내 저 작 물 이

되	는		것	이	지	요	.
되	는		것	이	지	요	.

되 는 것 이 지 요 .

되 는 것 이 지 요 .

퍼즐로 배우는 낱말풀이

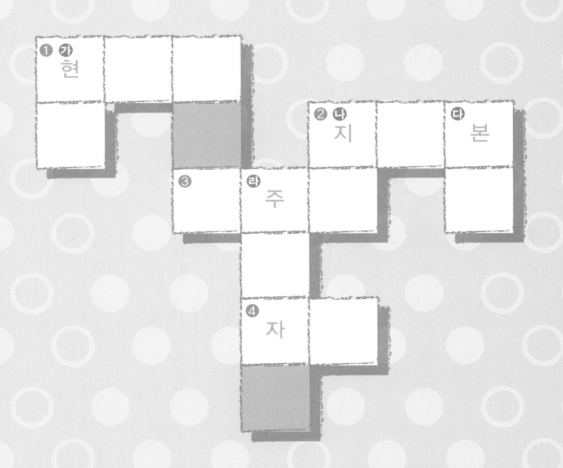

★ 해답은 129페이지

4 PUZZLE

가로 퍼즐

❶ 현관에 달린, 드나드는 문

❷ 지구를 구로 표현한 모형이다.

❸ 우리나라 남서해 쪽에 있는 가장 큰 화산섬

❹ 외부적인 구속이나 무엇에 얽매이지 아니하고 자기 마음대로 행동함

세로 퍼즐

㉠ 지금의 시간

㉡ 지구 표면의 상태를 일정한 비율로 줄여, 이를 약속된 기호로 평면에 나타낸 그림

㉢ 호적이 있는 곳

㉣ 물이나 술 따위를 데우거나 담아서 따르게 만든 그릇

4 이 말이 어울려요

 틀린 글자예요. 바르게 고쳐 써 보아요.

| 컴퓨터
개임 | 게 임 | 게 임 | 게 임 | 게 임 |
| | 게 임 | 게 임 | 게 임 | 게 임 |

| 마음을
해아려 | 헤 아 려 | 헤 아 려 | 헤 아 려 |
| | 헤 아 려 | 헤 아 려 | 헤 아 려 |

| 비누방울 | 비 눗 방 울 | 비 눗 방 울 | 방 울 |
| | 비 눗 방 울 | 비 눗 방 울 | 방 울 |

| 윗어른 | 웃 어 른 | 웃 어 른 | 웃 어 른 |
| | 웃 어 른 | 웃 어 른 | 웃 어 른 |

5. 알아보고 떠나요

5. 알아보고 떠나요

 연필을 바르게 잡고 다음 낱말을 따라 써 보아요.

박	물	관		박	물	관		박	물	관		박	물	관
박	물	관		박	물	관		박	물	관		박	물	관

보	물	찾	기		대	회		보	물	찾	기		대	회
보	물	찾	기		대	회		보	물	찾	기		대	회

만	화		만	화	만	화	만	화	만	화	만	화
만	화		만	화	만	화	만	화	만	화	만	화

인	터	넷		인	터	넷		인	터	넷		인	터	넷
인	터	넷		인	터	넷		인	터	넷		인	터	넷

참	가		신	청		참	가		신	청		신	청
참	가		신	청		참	가		신	청		신	청

연필을 바르게 잡고 다음 낱말을 따라 써 보아요.

| 열 | 차 | 표 | | 열 | 차 | 표 | | 열 | 차 | 표 | | 열 | 차 | 표 |
| 열 | 차 | 표 | | 열 | 차 | 표 | | 열 | 차 | 표 | | 열 | 차 | 표 |

예 매

예 매 예 매 예 매 예 매 예 매 예 매
예 매 예 매 예 매 예 매 예 매 예 매

버 스 ?　　지 하 철 ?

관 광　　안 내 소

마 감　　시 간

 다음 글을 읽고 문장을 따라 써 보아요.

백제	사람들은	무령왕릉	내
부의	벽과	천장을	모두	벽돌
로	쌓아	올렸는데,	네	줄은
눕혀서	쌓고	한	줄은	세워서 ✓

다음 글을 읽고 문장을 따라 써 보아요.

쌓아 맛밋하고 단조로운 느낌

을 피하였다. 천장은 터널 모

양을 하고 있다.

 띄어쓰기에 주의하며 문장을 바르게 써 보아요.

비	사	치	기	가		어	떻	게		생	겼	는	지	✓
비	사	치	기	가		어	떻	게		생	겼	는	지	

비 사 치 기 가　어 떻 게　생 겼 는 지

비 사 치 기 가　어 떻 게　생 겼 는 지

정	확	하	지	는		않	지	만	,	이	러	한		이
정	확	하	지	는		않	지	만	,	이	러	한		이

정 확 하 지 는　않 지 만 , 이 러 한　이

정 확 하 지 는　않 지 만 , 이 러 한　이

 띄어쓰기에 주의하며 문장을 바르게 써 보아요.

| 야 | 기 | 들 | 이 | | 전 | 하 | 여 | | 오 | 면 | 서 | | 놀 | 이 |

| 가 | | 만 | 들 | 어 | 졌 | 다 | 고 | | 합 | 니 | 다 | . |

77

5. 알아보고 떠나요

 띄어쓰기에 주의하며 문장을 바르게 써 보아요.

현	재		서	울	에		남	아		있	는		조
현	재		서	울	에		남	아		있	는		조

현	재		서	울	에		남	아		있	는		조
현	재		서	울	에		남	아		있	는		조

선		시	대	의		궁	궐	은		모	두		다	섯	✓
선		시	대	의		궁	궐	은		모	두		다	섯	

선		시	대	의		궁	궐	은		모	두		다	섯
선		시	대	의		궁	궐	은		모	두		다	섯

 띄어쓰기에 주의하며 문장을 바르게 써 보아요.

곳 으 로 , 경 복 궁 , 창 덕 궁 , 창 경 궁 ,

곳 으 로 , 경 복 궁 , 창 덕 궁 , 창 경 궁 ,

곳 으 로 , 경 복 궁 , 창 덕 궁 , 창 경 궁 ,

경 희 궁 , 경 운 궁 이 다 .

경 희 궁 , 경 운 궁 이 다 .

경 희 궁 , 경 운 궁 이 다 .

 띄어쓰기에 주의하며 문장을 바르게 써 보아요.

창	경	궁	은		임	진	왜	란		때		불	탔
창	경	궁	은		임	진	왜	란		때		불	탔

창	경	궁	은		임	진	왜	란		때		불	탔
창	경	궁	은		임	진	왜	란		때		불	탔

다	가		광	해	군		때		제		모	습	을
다	가		광	해	군		때		제		모	습	을

다	가		광	해	군		때		제		모	습	을
다	가		광	해	군		때		제		모	습	을

띄어쓰기에 주의하며 문장을 바르게 써 보아요.

찾 았 으 나 ,   그   뒤 로 도   큰   화 재

찾 았 으 나 ,   그   뒤 로 도   큰   화 재

찾 았 으 나 ,   그   뒤 로 도   큰   화 재

찾 았 으 나 ,   그   뒤 로 도   큰   화 재

를   겪 는   수 난 을   당 하 였 다 .

를   겪 는   수 난 을   당 하 였 다 .

를   겪 는   수 난 을   당 하 였 다 .

를   겪 는   수 난 을   당 하 였 다 .

 띄어쓰기에 주의하며 문장을 바르게 써 보아요.

선	조	가		임	진	왜	란	이		끝	난		뒤
선	조	가		임	진	왜	란	이		끝	난		뒤

선 조 가   임 진 왜 란 이   끝 난   뒤
선 조 가   임 진 왜 란 이   끝 난   뒤

에		서	울	로		돌	아	오	니		궁	궐	이
에		서	울	로		돌	아	오	니		궁	궐	이

에   서 울 로   돌 아 오 니   궁 궐 이
에   서 울 로   돌 아 오 니   궁 궐 이

82

 띄어쓰기에 주의하며 문장을 바르게 써 보아요.

모	두		불	타		버	려	서		이	곳	을		넓
모	두		불	타		버	려	서		이	곳	을		넓

모	두		불	타		버	려	서		이	곳	을		넓
모	두		불	타		버	려	서		이	곳	을		넓

혀		행	궁	으	로		만	들	었	다	고		한	다.
혀		행	궁	으	로		만	들	었	다	고		한	다.

혀		행	궁	으	로		만	들	었	다	고		한	다.
혀		행	궁	으	로		만	들	었	다	고		한	다.

퍼즐로 배우는
낱말풀이

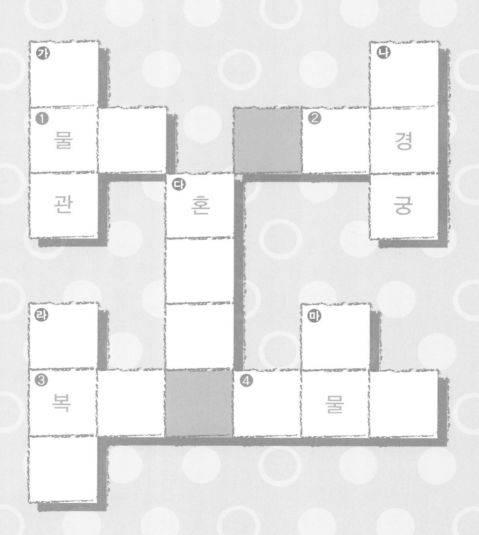

★ 해답은 129페이지

5 PUZZLE

가로 퍼즐

❶ 일정한 형체를 갖춘 모든 물질적 대상

❷ 종교상 신앙의 최고 법전이 되는 책

❸ 바닷물고기로 적에게 공격을 받으면 물 또는
공기를 들이마셔 배를 불룩하게 내미는 특색이 있다.

❹ 일정한 시설을 갖추어 각지의 동물을 관람시키는 곳

세로 퍼즐

㉮ 고고학적 자료, 역사적 유물, 예술품, 그 밖의 학술
자료를 수집·보존·진열하고 일반에게 전시하여 학
술 연구와 사회 교육에 기여할 목적으로 만든 시설

㉯ 성종이 할머니들을 모시려고 지은 궁궐. 임진왜란 때
에 불에 탄 것을 광해군 때 제 모습을 찾았다. 일제
강점기에 창경원으로 이름을 바꾸었다.

㉰ 결혼식

㉱ 조선 시대 최초의 궁궐. 태조 이성계가 조선을 세운
뒤에 한양에 세운 조선의 법궁

㉲ 남에게 어떤 물건 따위를 선사함

5 알아보고 떠나요

글씨체 | 4-1학기

 틀린 글자예요. 바르게 고쳐 써 보아요.

| 등 극기 | 긁 기 | 긁 기 | 긁 기 | 긁 기 |
| | 긁 기 | 긁 기 | 긁 기 | 긁 기 |

| 엽꾸리 | 옆 구 리 | 옆 구 리 | 옆 구 리 |
| | 옆 구 리 | 옆 구 리 | 옆 구 리 |

| 개구장이 | 개 구 쟁 이 | 개 구 쟁 이 | 쟁 이 |
| | 개 구 쟁 이 | 개 구 쟁 이 | 쟁 이 |

| 꼽슬머리 | 곱 슬 머 리 | 곱 슬 머 리 | 머 리 |
| | 곱 슬 머 리 | 곱 슬 머 리 | 머 리 |

6. 의견을 나누어요

6. 의견을 나누어요

 연필을 바르게 잡고 다음 낱말을 따라 써 보아요.

당	나	귀	당	나	귀	당	나	귀	당	나	귀
당	나	귀	당	나	귀	당	나	귀	당	나	귀

시	골	길	시	골	길	시	골	길	시	골	길
시	골	길	시	골	길	시	골	길	시	골	길

햇	볕	햇	볕	햇	볕	햇	볕	햇	볕	햇	볕	햇	볕
햇	볕	햇	볕	햇	볕	햇	볕	햇	볕	햇	볕	햇	볕

커	다	란	커	다	란	커	다	란	커	다	란
커	다	란	커	다	란	커	다	란	커	다	란

별	안	간	별	안	간	별	안	간	별	안	간
별	안	간	별	안	간	별	안	간	별	안	간

 연필을 바르게 잡고 다음 낱말을 따라 써 보아요.

| 벼 | 락 | | 벼 | 락 | 벼 | 락 | 벼 | 락 | 벼 | 락 | 벼 | 락 |
| 벼 | 락 | | 벼 | 락 | 벼 | 락 | 벼 | 락 | 벼 | 락 | 벼 | 락 |

| 호 | 들 | 갑 | | 호 | 들 | 갑 | | 호 | 들 | 갑 | | 호 | 들 | 갑 |
| 호 | 들 | 갑 | | 호 | 들 | 갑 | | 호 | 들 | 갑 | | 호 | 들 | 갑 |

| 비 | 틀 | 비 | 틀 | | 비 | 틀 | 비 | 틀 | | 비 | 틀 | 비 | 틀 |
| 비 | 틀 | 비 | 틀 | | 비 | 틀 | 비 | 틀 | | 비 | 틀 | 비 | 틀 |

| 앞 | 발 | 과 | | 뒷 | 발 | | 앞 | 발 | 과 | | 뒷 | 발 | 뒷 | 발 |
| 앞 | 발 | 과 | | 뒷 | 발 | | 앞 | 발 | 과 | | 뒷 | 발 | 뒷 | 발 |

| 짊 | 어 | 지 | 고 | | 짊 | 어 | 지 | 고 | | 짊 | 어 | 지 | 고 |
| 짊 | 어 | 지 | 고 | | 짊 | 어 | 지 | 고 | | 짊 | 어 | 지 | 고 |

 다음 글을 읽고 문장을 따라 써 보아요.

다	리	를		건	널		때		당	나	귀	가
다	리	를		건	널		때		당	나	귀	가

힘	들	어		버	둥	거	리	는		바	람	에		그
힘	들	어		버	둥	거	리	는		바	람	에		그

만		장	대	를		놓	쳐		버	렸	습	니	다	.
만		장	대	를		놓	쳐		버	렸	습	니	다	.

당	나	귀	는		시	냇	물	에		떠	내	려	가	고	✓
당	나	귀	는		시	냇	물	에		떠	내	려	가	고	

 다음 글을 읽고 문장을 따라 써 보아요.

말았습니다. 아버지는 속으로

'다른 사람의 말을 다 들으

려다 결국 당나귀를 잃고 말

았구나.' 하고 한탄하였습니다.

 띄어쓰기에 주의하며 문장을 바르게 써 보아요.

그	렇	다	면		한		말	씀		더		여	쭙
그	렇	다	면		한		말	씀		더		여	쭙

그 렇 다 면　한　말 씀　더　여 쭙

그 렇 다 면　한　말 씀　더　여 쭙

겠	습	니	다	.	저		담		너	머		감	나	무
겠	습	니	다	.	저		담		너	머		감	나	무

겠 습 니 다 .　저　담　너 머　감 나 무

겠 습 니 다 .　저　담　너 머　감 나 무

 띄어쓰기에 주의하며 문장을 바르게 써 보아요.

에	서		뻗	어		나	와		이		댁	에		넘
에	서		뻗	어		나	와		이		댁	에		넘

에	서		뻗	어		나	와		이		댁	에		넘
에	서		뻗	어		나	와		이		댁	에		넘

어	온		가	지	는		누	구	네		것	입	니	까
어	온		가	지	는		누	구	네		것	입	니	까

어	온		가	지	는		누	구	네		것	입	니	까
어	온		가	지	는		누	구	네		것	입	니	까

6. 의견을 나누어요

 띄어쓰기에 주의하며 문장을 바르게 써 보아요.

가	게	를		운	영	하	는		사	람	이	나
가	게	를		운	영	하	는		사	람	이	나

가 게 를　운 영 하 는　사 람 이 나

가 게 를　운 영 하 는　사 람 이 나

거	리	에		게	시	물	을		붙	이	는		사	람
거	리	에		게	시	물	을		붙	이	는		사	람

거 리 에　게 시 물 을　붙 이 는　사 람

거 리 에　게 시 물 을　붙 이 는　사 람

띄어쓰기에 주의하며 문장을 바르게 써 보아요.

들	이		어	렵	고		낯	선		외	국		말	보
들	이		어	렵	고		낯	선		외	국		말	보

들 이 　 어 렵 고 　 낯 선 　 외 국 　 말 보

들 이 　 어 렵 고 　 낯 선 　 외 국 　 말 보

다		우	리	말	을		쓰	면		좋	겠	다	.
다		우	리	말	을		쓰	면		좋	겠	다	.

다 　 우 리 말 을 　 쓰 면 　 좋 겠 다 .

다 　 우 리 말 을 　 쓰 면 　 좋 겠 다 .

6. 의견을 나누어요

 띄어쓰기에 주의하며 문장을 바르게 써 보아요.

생	각	하	는		컴	퓨	터	는		과	연		가
생	각	하	는		컴	퓨	터	는		과	연		가

생 각 하 는   컴 퓨 터 는   과 연   가

생 각 하 는   컴 퓨 터 는   과 연   가

능	할	까	?		선	생	님	은		앞	으	로		너
능	할	까	?		선	생	님	은		앞	으	로		너

능 할 까 ?   선 생 님 은   앞 으 로   너

능 할 까 ?   선 생 님 은   앞 으 로   너

띄어쓰기에 주의하며 문장을 바르게 써 보아요.

희	가		생	각	이	란		무	엇	인	지		밝	혀
희	가		생	각	이	란		무	엇	인	지		밝	혀

희 가   생 각 이 란   무 엇 인 지   밝 혀

희 가   생 각 이 란   무 엇 인 지   밝 혀

낼		거	라	고		믿	는	다	.
낼		거	라	고		믿	는	다	.

낼   거 라 고   믿 는 다 .

낼   거 라 고   믿 는 다 .

퍼즐로 배우는
낱말풀이

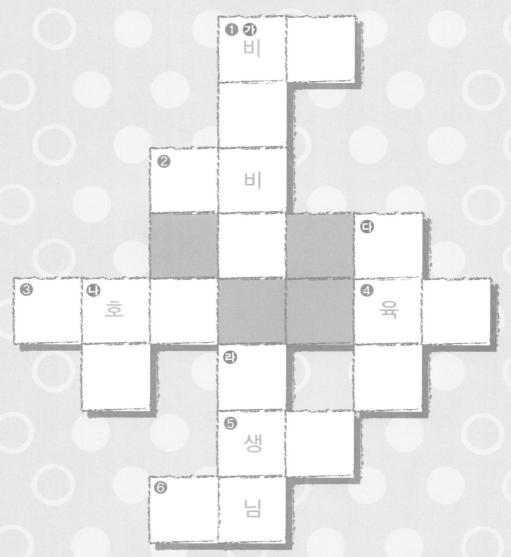

★ 해답은 129페이지

❶ 돌로 만든 비

❷ 두 팀이 일정한 시간 안에 타원형 공을 상대방 진지의 문에 가져감으로써 득점을 겨루는 구기. 풋볼의 일종이다.

❸ 주로 문을 바르는 데 쓰는 얇은 종이

❹ 땅 위에서의 공격과 방어 임무를 맡은 군대

❺ 사람이 살아서 숨 쉬고 활동할 수 있게 하는 힘

❻ '중' 을 높여 이르는 말

㉮ 힘이 없거나 어지러워서 몸을 바로 가누지 못하고 이리저리 쓰러질 듯이 계속 걷는 모양

㉯ 땅이 우묵하게 들어가 물이 괴어 있는 곳. 못이나 늪보다 훨씬 넓고 깊다.

㉰ 실내에서 여러 가지 운동 경기를 할 수 있도록 시설을 갖추어 놓은 건물

㉱ 학생을 가르치는 사람

틀린 글자예요. 바르게 고쳐 써 보아요.

일어버린 물건	잃	어	버	린		잃	어	버	린		버	린
	잃	어	버	린		잃	어	버	린		버	린

물건이 싸여	쌓	여		쌓	여		쌓	여		쌓	여
	쌓	여		쌓	여		쌓	여		쌓	여

칠판에 석어	섞	어		섞	어		섞	어		섞	어
	섞	어		섞	어		섞	어		섞	어

말똥무	말	동	무		말	동	무		말	동	무
	말	동	무		말	동	무		말	동	무

7. 넓은 세상 많은 이야기

연필을 바르게 잡고 다음 낱말을 따라 써 보아요.

기	행	문

제	주	도

여	름

외	삼	촌

주	상	절	리	대

연필을 바르게 잡고 다음 낱말을 따라 써 보아요.

한 라 산 　한 라 산 　한 라 산 　한 라 산
　　　　　한 라 산 　한 라 산 　한 라 산 　한 라 산

푸 른 　숲 　푸 른 　숲 　푸 른 　숲
　　　　　　푸 른 　숲 　푸 른 　숲 　푸 른 　숲

유 네 스 코 　유 네 스 코 　유 네 스 코
　　　　　　유 네 스 코 　유 네 스 코 　유 네 스 코

신 비 한 　신 비 한 　신 비 한 　신 비 한
　　　　　신 비 한 　신 비 한 　신 비 한 　신 비 한

종 려 나 무 　종 려 나 무 　종 려 나 무
　　　　　　종 려 나 무 　종 려 나 무 　종 려 나 무

 다음 글을 읽고 문장을 따라 써 보아요.

길	로		길	로		가	다	가		바	늘		하

나		주	웠	네	.		주	운		바	늘		뭣

할	꼬	?		낚	시		하	나		굽	혔	지	.

굽	힌		낚	시		뭣		할	꼬	?		잉	어

104

다음 글을 읽고 문장을 따라 써 보아요.

한 마리 낚았지. 낚은 잉어 ✓

뭣 할꼬? 큰 솥에다 고았지

. 고은 잉어 뭣 할꼬? 우

리 부모 드리지.

 띄어쓰기에 주의하며 문장을 바르게 써 보아요.

진	주	에	서		통	일	호	를		타	고		선
진	주	에	서		통	일	호	를		타	고		선

진 주 에 서 통 일 호 를 타 고 선
진 주 에 서 통 일 호 를 타 고 선

암	사	에		갔	습	니	다	.					
암	사	에		갔	습	니	다	.

암 사 에 갔 습 니 다 .
암 사 에 갔 습 니 다 .

 띄어쓰기에 주의하며 문장을 바르게 써 보아요.

통 일 호 는　　아 무 리　　작 은　　역 에

통 일 호 는　　아 무 리　　작 은　　역 에

통 일 호 는　　아 무 리　　작 은　　역 에

도　　서 는　　기 차　　이 름 입 니 다 .

도　　서 는　　기 차　　이 름 입 니 다 .

도　　서 는　　기 차　　이 름 입 니 다 .

 띄어쓰기에 주의하며 문장을 바르게 써 보아요.

외	국	어	도		어	찌	나		빨	리		배	우
외	국	어	도		어	찌	나		빨	리		배	우

외	국	어	도		어	찌	나		빨	리		배	우
외	국	어	도		어	찌	나		빨	리		배	우

는	지		프	랑	스		어	,	일	본		어	,	이
는	지		프	랑	스		어	,	일	본		어	,	이

는	지		프	랑	스		어	,	일	본		어	,	이
는	지		프	랑	스		어	,	일	본		어	,	이

띄어쓰기에 주의하며 문장을 바르게 써 보아요.

스	라	엘		여	행	자	의		히	브	리		어	까
스	라	엘		여	행	자	의		히	브	리		어	까

스	라	엘		여	행	자	의		히	브	리		어	까
스	라	엘		여	행	자	의		히	브	리		어	까

지		욕	심	을		낸	다	.
지		욕	심	을		낸	다	.

지		욕	심	을		낸	다	.
지		욕	심	을		낸	다	.

7. 넓은 세상 많은 이야기

 띄어쓰기에 주의하며 문장을 바르게 써 보아요.

많	이		부	딪	히	고		보	고		느	끼	고	✓
많	이		부	딪	히	고		보	고		느	끼	고	

많	이		부	딪	히	고		보	고		느	끼	고
많	이		부	딪	히	고		보	고		느	끼	고

수	많	은		사	람	을		만	나	면	서		스	스
수	많	은		사	람	을		만	나	면	서		스	스

수	많	은		사	람	을		만	나	면	서		스	스
수	많	은		사	람	을		만	나	면	서		스	스

110

 띄어쓰기에 주의하며 문장을 바르게 써 보아요.

| 로 | | 깨 | 닫 | 는 | | ' | 학 | 습 | ' | 시 | 간 | 이 | 라 | 는 | ✓ |

| 점 | 에 | 서 | | 여 | 행 | 은 | | 중 | 요 | 하 | 다 | . |

퍼즐로 배우는
낱말풀이

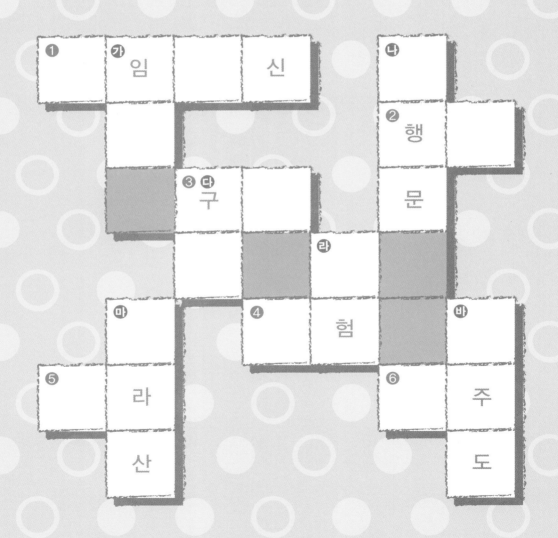

❶	㉮임		신			㉯	
						❷행	
		❸㉰구				문	
				㉱			
㉲		❹	험			㉳	
❺	라				❻	주	
	산					도	

★ 해답은 129페이지

7 PUZZLE

가로 퍼즐

① 과거나 미래로 시간 여행을 가능하게 한다는 공상의 기계

② 생활에서 충분한 만족과 기쁨을 느끼는 흐뭇한 상태

③ 공기 중의 수분이 엉기어서 미세한 물방울이나 얼음 결정의 덩어리가 되어 공중에 떠 있는 것

④ 손해를 물어 주겠다는 보증

⑤ 국가. 동화 ○○

⑥ 무엇을 잘할 수 있는 타고난 능력과 슬기

세로 퍼즐

㉮ 아이나 새끼를 가짐

㉯ 여행하면서 겪은 일을 적은 문학 양식이다. 여행기라고도 한다.

㉰ 흥미나 관심을 가지고 봄

㉱ 자기가 몸소 겪음. 또는 그런 경험

㉲ 제주도 중앙에 있는 산으로 백록담이 있다.

㉳ 우리나라 남서해 쪽에 있는 가장 큰 화산섬

 틀린 글자예요. 바르게 고쳐 써 보아요.

| 지팡이를
집고 | 짚 고 | 짚 고 | 짚 고 | 짚 고 |
| | 짚 고 | 짚 고 | 짚 고 | 짚 고 |

| 웃마을 | 윗 마 을 | 윗 마 을 | 윗 마 을 |
| | 윗 마 을 | 윗 마 을 | 윗 마 을 |

| 머리속 | 머 릿 속 | 머 릿 속 | 머 릿 속 |
| | 머 릿 속 | 머 릿 속 | 머 릿 속 |

| 순서대로
꼿고 | 꽂 고 | 꽂 고 | 꽂 고 | 꽂 고 |
| | 꽂 고 | 꽂 고 | 꽂 고 | 꽂 고 |

8. 같은 말이라도

8. 같은 말이라도

 연필을 바르게 잡고 다음 낱말을 따라 써 보아요.

시	장		구	경		시	장		구	경		구	경
시	장		구	경		시	장		구	경		구	경

목	소	리		목	소	리		목	소	리		목	소	리
목	소	리		목	소	리		목	소	리		목	소	리

먹	을	거	리		먹	을	거	리		먹	을	거	리
먹	을	거	리		먹	을	거	리		먹	을	거	리

과	일		가	게		과	일		가	게		가	게
과	일		가	게		과	일		가	게		가	게

복	숭	아		복	숭	아		복	숭	아		복	숭	아
복	숭	아		복	숭	아		복	숭	아		복	숭	아

 연필을 바르게 잡고 다음 낱말을 따라 써 보아요.

과 수 원   과 수 원   과 수 원   과 수 원
과 수 원   과 수 원   과 수 원   과 수 원

삼 십   년   삼 십   년   삼 십   년
삼 십   년   삼 십   년   삼 십   년

장 바 구 니   장 바 구 니   장 바 구 니
장 바 구 니   장 바 구 니   장 바 구 니

싸 고   맛 있 는   싸 고   맛 있 는 싸 고
싸 고   맛 있 는   싸 고   맛 있 는 싸 고

따 뜻 한   손 길   따 뜻 한   손 길 손 길
따 뜻 한   손 길   따 뜻 한   손 길 손 길

 다음 글을 읽고 문장을 따라 써 보아요.

나는 시장 구경을 좋아한다. ✓
나는 시장 구경을 좋아한다.

왜냐하면, 시장에는 늘 새로운 ✓
왜냐하면, 시장에는 늘 새로운

물건들과 맛있는 먹을거리가
물건들과 맛있는 먹을거리가

많기 때문이다. 시장에 가면서 ✓
많기 때문이다. 시장에 가면서

 다음 글을 읽고 문장을 따라 써 보아요.

오늘은　내가　좋아하는　과일을 ✓
오늘은　내가　좋아하는　과일을

사　달라고　해야겠다고　마음을 ✓
사　달라고　해야겠다고　마음을

먹었다. 과일　가게에는　여러
먹었다. 과일　가게에는　여러

가지　신선한　과일이　있다.
가지　신선한　과일이　있다.

8. 같은 말이라도

 띄어쓰기에 주의하며 문장을 바르게 써 보아요.

맨		처	음	에		가	장		멋	진		선	물
맨		처	음	에		가	장		멋	진		선	물

맨　처음에　가장　멋진　선물
맨　처음에　가장　멋진　선물

인		일	기	장	,	네	가		나	왔	단	다	.
인		일	기	장	,	네	가		나	왔	단	다	.

인　일기장, 네가　나왔단다.
인　일기장, 네가　나왔단다.

 띄어쓰기에 주의하며 문장을 바르게 써 보아요.

| 탁 | 자 | | 위 | 에 | 는 | | 장 | 미 | | 꽃 | 다 | 발 | 과 | ✓ |

탁 자 　 위 에 는 　 장 미 　 꽃 다 발 과

탁 자 　 위 에 는 　 장 미 　 꽃 다 발 과

| 선 | 물 | 들 | 이 | | 놓 | 여 | | 있 | 었 | 어 | . |

선 물 들 이 　 놓 여 　 있 었 어 .

선 물 들 이 　 놓 여 　 있 었 어 .

8. 같은 말이라도

 띄어쓰기에 주의하며 문장을 바르게 써 보아요.

우	리	는		양	말	만		신	은		채		판	✓
우	리	는		양	말	만		신	은		채		판	

우	리	는		양	말	만		신	은		채		판
우	리	는		양	말	만		신	은		채		판

단		아	저	씨	의		방	으	로		갔	어	.	감
단		아	저	씨	의		방	으	로		갔	어	.	감

단		아	저	씨	의		방	으	로		갔	어	.	감
단		아	저	씨	의		방	으	로		갔	어	.	감

 띄어쓰기에 주의하며 문장을 바르게 써 보아요.

기	에		걸	린		아	저	씨	가		기	침	을
기	에		걸	린		아	저	씨	가		기	침	을

기에   걸린   아 저씨가   기침을

기에   걸린   아 저씨가   기침을

할		때	마	다		온	몸	이		오	싹	했	단	다.
할		때	마	다		온	몸	이		오	싹	했	단	다.

할   때마다   온몸이   오싹했단다.

할   때마다   온몸이   오싹했단다.

8. 같은 말이라도

 띄어쓰기에 주의하며 문장을 바르게 써 보아요.

화	가		난		나	는		동	생	과		하	루	✓
화	가		난		나	는		동	생	과		하	루	

화가 난 나는 동생과 하루

화가 난 나는 동생과 하루

종	일		말	도		하	지		않	았	단	다	.
종	일		말	도		하	지		않	았	단	다	.

종일 말도 하지 않았단다.

종일 말도 하지 않았단다.

띄어쓰기에 주의하며 문장을 바르게 써 보아요.

둘도 없는 우리 형제 사이

둘도 없는 우리 형제 사이

둘도 없는 우리 형제 사이

에 틈이 생긴 거지.

에 틈이 생긴 거지.

에 틈이 생긴 거지.

퍼즐로 배우는 낱말풀이

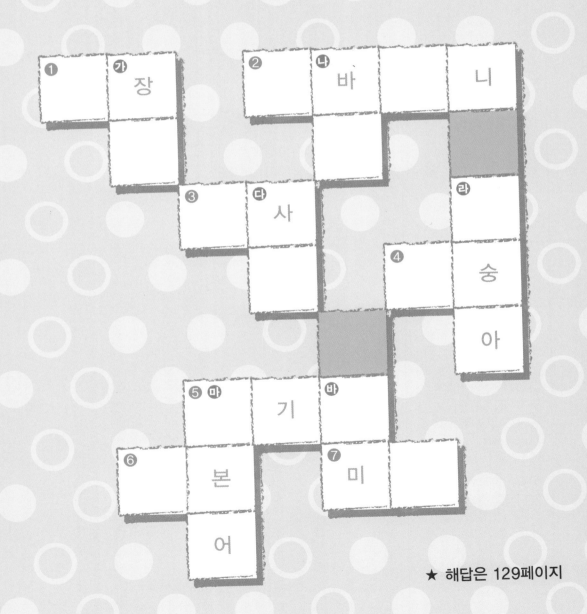

	❶	㉮ 장			❷		㉯ 바			니

❸ | ㉰ 사 | | ❹ | ㉱ 라 / 숭 / 아

❺ ㉲ | 기 | ㉳ 바 | ❼ 미

❻ | 본 | 어

★ 해답은 129페이지

8 PUZZLE

가로 퍼즐

❶ 여러 가지 상품을 사고 파는 일정한 장소

❷ 장 보러 갈 때 들고 가는 바구니

❸ 곡류, 과채류 따위의 씨나 모종을 심어 기르고 거두는 따위의 일

❹ 겉으로는 순해 보이나 속으로는 엉큼함

❺ 그날그날 겪은 일이나 생각, 느낌 따위를 적는 장부

❻ 사물의 본질이나 본바탕

❼ 소리 없이 빙긋이 웃음

세로 퍼즐

㉮ 맏아들

㉯ 기압의 변화 또는 사람이나 기계에 의하여 일어나는 공기의 움직임

㉰ 어떤 일을 일정한 목적과 계획을 가지고 짜임새 있게 지속적으로 경영함

㉱ 시고 단맛이 있으며 붉은색으로 익는 장미과 과일. 통조림도 있다.

㉲ 일본 민족이 쓰는 언어

㉳ 꽃은 흔히 흰색·노란색·오렌지색·분홍색·붉은색을 띠며 줄기에 가시가 있다.

8 같은 말이라도

 틀린 글자예요. 바르게 고쳐 써 보아요.

든는이의 처지를	듣 는 이	듣 는 이	듣 는 이
	듣 는 이	듣 는 이	듣 는 이

몰라도 되	몰 라 도 　 돼	몰 라 도 　 돼
	몰 라 도 　 돼	몰 라 도 　 돼

술레잡기	술 래 잡 기	술 래 잡 기	잡 기
	술 래 잡 기	술 래 잡 기	잡 기

다리 밋에	밑 에	밑 에	밑 에	밑 에
	밑 에	밑 에	밑 에	밑 에

퍼즐 정답

1
빗
솔 방 울　지 하 실
울　　내　　철
　　독 일 어
　　회　　　　독
눈 초 리　도 서 관
　　리

2
　　나
제 비　　사 전
　　냄 비　　화
　　새
석 유　　풍 년
탄　　　　경

3
목　　　　고
화 백　아 궁 이
　　시 험　발 야 구
　　계　　　　채

4
현 관 문
재　　　　지 구 본
　　제 주 도　적
　　　　전
　　　　자 유

5
박　　　　창
물 건　　성 경
관　혼　　　궁
　　례
경　식　선
복 어　동 물 원
궁

6
비 석
　틀
럭 비
　　틀　　체
창 호 지　　육 군
　수　선　관
　　생 명
　　스 님

7
타 임 머 신　기
　신　　행 복
　　구 름　문
　　경 체
　한　보 험　제
나 라　　　주
　산　　　도

8
시 장　장 바 구 니
　남　　람
　농 사　복
　업　내 숭
　　　　아
　　일 기 장
근 본　미 소
　어

원고지 사용법

제목쓰기
- 맨 첫째 줄은 비우고, 둘째 줄 가운데에 씁니다.

							학	교								

학교, 학년 반, 이름쓰기

• 학교는 제목 다음 줄에 쓰며, 뒤에서 세 칸을 비웁니다.
• 학년과 반은 학교 다음 줄에 쓰며, 뒤에서 세 칸을 비웁니다.
• 이름은 학년, 반 다음 줄에 쓰며, 뒤에서 두 칸을 비웁니다.
• 본문은 이름 밑에 한 줄을 띄운 후 문장이 시작될때는 항상 첫 칸을 비우고 씁니다.

							학	교								
						행	복	초	등	학	교				
						제	4	학	년		1	반			
										김	하	늘			
	친	구	와		학	교	에		가	요	.				

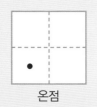

온점

물음표

느낌표

가운뎃점

온점과 큰따옴표
가 같이 쓰일때

온점과 작은따옴
표가 같이 쓰일때

● 아라비아 숫자는 한 칸에 두 자씩 씁니다.

	19	98	년		2	월		28	일						

● 문장 부호도 한 칸을 차지합니다.(온점)

	하	였	습	니	다	.									

● 말없음표는 한 칸에 세 개씩 나누어 두 칸에 찍습니다.

	꼭		가		보	고		싶	은	데	…	…	.		

● 문장 부호 중 물음표나 느낌표는 그 다음 글을 쓸 때는 한 칸을 비웁니다. 그러나 온점이나 반점은 그 다음 칸을 비우지 않고 씁니다.

	하	느	님	!		하	느	님	이		정	말		계	실	까	?
	보	람	이	는		궁	금	했	습	니	다	.		누	구	한	테
물	어	보	아	야		하	나	?		엄	마	한	테		물	어	볼
까	,	아	빠	한	테		물	어	볼	까	?						

큰따옴표

작은따옴표

2016년 2월 5일 초판 **인쇄**
2020년 12월 10일 3쇄 **발행**

발행처 주식회사 지원 출판
발행인 김진용

주소 경기도 파주시 탄현면 검산로 472-3
전화 031-941-4474
팩스 0303-0942-4474

등록번호 406-2008-000040호